Sedes de los Juegos Olímpicos de verano

Tiempo transcurrido

Dianne Irving

Créditos de publicación

Editora
Sara Johnson

Directora editorial
Emily R. Smith, M.A.Ed.

Editora en jefe
Sharon Coan, M.S.Ed.

Directora creativa
Lee Aucoin

Editora comercial
Rachelle Cracchiolo, M.S.Ed.

Créditos de imagen

Teacher Created Materials

5301 Oceanus Drive
Huntington Beach, CA 92649-1030
http://www.tcmpub.com
ISBN 978-1-4938-2934-7
© 2016 Teacher Created Materials, Inc.

Contenido

Los primeros Juegos Olímpicos se realizaron en Olimpia, en la Grecia **antigua**. Tuvieron lugar en el año 776 a. C. Estos juegos antiguos se realizaban cada 4 años. Dejaron de realizarse en el año 393 d. C.

Este antiguo jarrón griego muestra hombres corriendo una carrera en las olimpíadas.

EXPLOREMOS LAS MATEMÁTICAS

Atenas, el **sitio** de los Juegos Olímpicos antiguos, ha sido sede de los Juegos Olímpicos modernos dos veces. La primera vez fue en 1896 y la segunda, en el 2004.

a. ¿Cuántos años pasaron entre estos juegos?

b. Describe cómo resolviste el problema.

Los primeros Juegos Olímpicos **modernos** de verano se realizaron en 1896. Se llevaron a cabo en Atenas, Grecia. Solo participaron 241 hombres. Los Juegos Olímpicos de verano del 2004 también se realizaron en Atenas. Esta vez, participaron más de 10,000 hombres y mujeres.

La ceremonia de apertura de cada juego es siempre un evento increíble.

Muchos juegos

Los Juegos Olímpicos de verano no son los únicos Juegos Olímpicos. También están los Juegos Olímpicos de invierno y los Juegos Paralímpicos. Los Juegos Olímpicos de invierno se realizan cada 4 años pero en un año diferente al de los juegos de verano. Los primeros Juegos Olímpicos de invierno se realizaron en 1924. Los Juegos Paralímpicos se realizan en el mismo año que los juegos de verano. Se jugaron por primera vez en 1960.

El primer relevo de la antorcha olímpica se realizó en los Juegos Olímpicos de verano de 1936. La antorcha viajó casi 2,000 millas (3,218 km) desde Olimpia hasta la ciudad de Berlín en Alemania. Visitó 7 países.

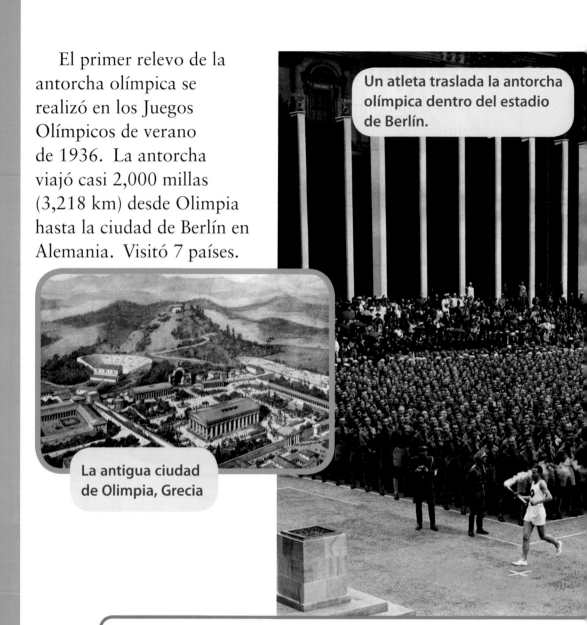

Un atleta traslada la antorcha olímpica dentro del estadio de Berlín.

La antigua ciudad de Olimpia, Grecia

Transporte de la antorcha

Se usan diferentes tipos de **transporte** para llevar la antorcha olímpica hasta la ciudad sede. La antorcha olímpica de 1992 viajó 2,675 millas (4,305 km) desde Olimpia hasta Barcelona. De esta distancia, 926 millas (1,490 km) se viajaron en bicicleta.

Instalaciones deportivas

Una ciudad sede debe prepararse para los Juegos Olímpicos. A menudo, se construyen nuevos **estadios** deportivos. Cuando los juegos terminan, los estadios se usan para otros eventos de la ciudad.

El Estadio Nacional de Pekín se conoce como "nido de pájaro". ¿Puedes ver por qué?

En construcción

La construcción del Estadio Nacional comenzó en 2003 y terminó en 2008.

Estadio de Australia

Este enorme estadio se construyó para los Juegos Olímpicos de verano del 2000 en Sídney, Australia. Tiene espacio para 110,000 **espectadores**. En ese momento, era el estadio olímpico más grande jamás construido.

Estadio de Australia durante los juegos del 2000

Tomó mucho tiempo construir el Estadio de Australia. El sitio ocupa casi 186,000 yardas cuadradas (155,520 metros cuadrados). El punto más alto está a 190 pies (58 m). Eso es, aproximadamente, la altura de un edificio de 14 pisos.

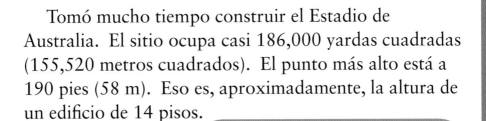

Más de 1,500 trabajadores construyeron este estadio.

EXPLOREMOS LAS MATEMÁTICAS

El Estadio de Australia se usó para las ceremonias de apertura y cierre de los juegos del 2000. Los trabajos para el estadio comenzaron en septiembre de 1996 y se inauguró en marzo de 1999.

a. ¿Cuántos años y meses tomó la construcción del Estadio de Australia?

b. Explica cómo resolviste este problema. Luego, explica otra manera de resolver este problema.

Pruebas deportivas

Hubo 43 pruebas en los Juegos Olímpicos de verano de 1896. En el 2004, hubo 301 pruebas. Es un aumento de más del 700 por ciento en el número de pruebas.

Diferentes deportes, diferentes pruebas

En los Juegos Paralímpicos del 2008, se realizaron pruebas en más de 20 deportes diferentes. En los Juegos Olímpicos de invierno del 2006, se realizaron 84 pruebas en 7 deportes diferentes.

En 1996, el voleibol de playa se convirtió en un deporte olímpico.

Mirar las pruebas

Muchas personas miran las pruebas olímpicas. Las **instalaciones** deben ser lo suficientemente grandes para albergar a muchos espectadores.

En los juegos de 1896, las pruebas de natación se realizaron en el mar Egeo. Cerca de 20,000 personas las miraron desde la costa. En los juegos del 2004, las pruebas de natación se realizaron en un estadio. El estadio albergó a 11,500 espectadores.

Fanáticos del deporte en los juegos del 2004

Turismo

Al seguir los juegos, muchas personas aprenden sobre la ciudad sede. Van a la ciudad o miran los eventos por televisión. En 1992, los juegos se realizaron en Barcelona, en España. En 1990, antes de los juegos, 1.7 millones de **turistas** visitaron Barcelona. En 2005, después de los juegos, hubo 5.5 millones de turistas. Ser sede de los juegos incrementa el turismo de la ciudad sede.

Barcelona

EXPLOREMOS LAS MATEMÁTICAS

La ceremonia de apertura de los Juegos Olímpicos de Barcelona en 1992 se realizó el 25 de julio de 1992. Una familia de los Estados Unidos fue a verla. Salieron de casa el 20 de julio y regresaron el 11 de agosto. ¿Cuántos días estuvieron fuera?

Julio 1992

Domingo	Lunes	Martes	Miércoles	Jueves	Viernes	Sábado
			1	2	3	4
5	6	7	8	9	10	11
12	13	14	15	16	17	18
19	20	21	22	23	24	25
26	27	28	29	30	31	

Agosto 1992

Domingo	Lunes	Martes	Miércoles	Jueves	Viernes	Sábado
						1
2	3	4	5	6	7	8
9	10	11	12	13	14	15
16	17	18	19	20	21	22
23	24	25	26	27	28	29
30	31					

Cientos de miles de turistas fueron a Atenas para los juegos del 2004. Más de 4 mil millones de personas miraron los eventos por la televisión. En 2005, Grecia tuvo más turistas de visita en el país que antes de los juegos.

Las olimpíadas por televisión

Los Juegos Olímpicos de verano de 1960 fueron los primeros juegos transmitidos por televisión. Los juegos se realizaron en la ciudad de Roma, en Italia. Millones de personas pudieron ver esta ciudad desde sus hogares.

Los puestos de comida ofrecen alimentos a las multitudes en los juegos. Ya se vendía comida en los juegos antiguos.

En los juegos del 2000, se vendieron 3,000 botellas de agua por día. ¡También se vendieron 4,000 conos de helado y 30,000 perros calientes!

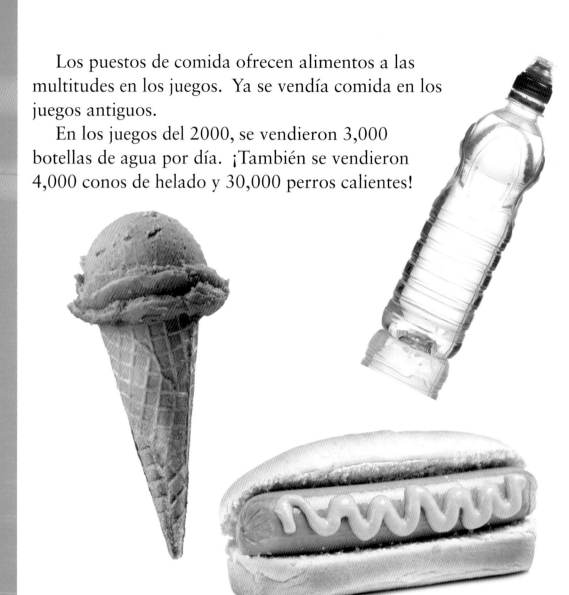

¡Qué largo!

En 1996, se hizo un perro caliente en honor a los Juegos Olímpicos de verano de Atlanta, Georgia. ¡Medía 1,996 pies (608.3 m) de largo!

Carreteras y transporte

Una ciudad sede a menudo mejorará su sistema de transporte antes que comiencen los juegos. Habrá más personas en la ciudad; por lo tanto, estos sistemas deben poder **afrontarlo**.

En el 2004, los trabajadores de Atenas mejoraron alrededor de 450 calles. Arreglaron más de 2 millones de pies cuadrados (185,806 metros cuadrados) de pavimento. Se plantaron más de 350,000 plantas y flores y 11,000 árboles.

Un trabajador arregla el pavimento y las calles antes de los juegos del 2004.

Cerca de 6 millones de personas viajaron en trenes y autobuses a los juegos del 2000. ¡Hubo 15.7 millones de viajes en tren más que lo normal!

Espectadores esperan en fila en una estación de tren durante los juegos del 2000.

EXPLOREMOS LAS MATEMÁTICAS

El 23 de septiembre de 1996, se anunció que Sídney, Australia, sería sede de los juegos del 2000. La apertura de los juegos fue el 15 de septiembre del 2000.

a. ¿Cuántos años, meses y días tuvo Sídney para prepararse para los juegos?

b. ¿Qué debías saber antes para poder resolver este problema?

Atlanta, Georgia, fue sede de los Juegos Olímpicos de verano de 1996. Alrededor de 100,000 trabajadores usaron el transporte durante los juegos. También lo usaron más de 2 millones de espectadores.

Enormes multitudes en Atlanta

Atención de los atletas

Cada ciudad sede tiene una villa olímpica. Es donde se alojan los atletas, los entrenadores y las autoridades. En el 2008, la villa olímpica de Pekín tenía 42 edificios de varios pisos. Más de 16,800 atletas, entrenadores y autoridades se alojaron aquí.

La villa olímpica de Pekín

La villa olímpica de 1976 en Montreal, Canadá, se construyó a solo 0.5 millas (0.8 km) de las instalaciones olímpicas principales. Los atletas se alojaron en 4 grandes edificios de forma piramidal. Estos edificios tenían 19 pisos de altura.

La villa olímpica de Montreal

EXPLOREMOS LAS MATEMÁTICAS

A los atletas les tomaba solo 14 minutos caminar desde la villa olímpica de Montreal hasta las instalaciones principales. Si necesitaban estar en las instalaciones a las 12:35 p. m., ¿a qué hora tenían que salir de la villa? Usa el reloj como ayuda.

12:35 p. m.

Comida para los atletas

Se necesita mucha comida para alimentar a todos los atletas y trabajador
en los Juegos Olímpicos. ¡En el 2004, se sirvieron en la villa olímpica d
Atenas hasta 144,000 comidas por día! Se necesitó mucha comida.

Alimentos	Cantidad
leche	3,964 galones (15,005 l)
huevos	2,500 docenas
frutas y verduras	300 toneladas (272,155 kg)
carne	120 toneladas (108,862 kg)
pescado	85 toneladas (77,111 kg)
pan	25,000 barras de pan
ketchup	198 galones (750 l)
agua potable	528,500 galones (2,000,590 l)

Las autoridades y el personal de entrenamiento hacen fila para comer en una villa olímpica.

EXPLOREMOS LAS MATEMÁTICAS

Observa la tabla que muestra los horarios de la comidas en el comedor de la villa olímpica. Usa el reloj como ayuda para responder las preguntas.

Desayuno	Almuerzo	Cena
5:15 – 9:30 a. m.	12:00 – 2:10 p. m.	5:40 – 9:35 p. m.

a. ¿Durante cuánto tiempo se sirve el desayuno?

b. ¿Durante cuánto tiempo se sirve el almuerzo?

c. ¿Durante cuánto tiempo se sirve la cena?

Más y más atletas

Solo 311 hombres griegos participaron en los juegos olímpicos antiguos. Hoy en día, participan atletas masculinos y femeninos. Pertenecen a 200 países diferentes.

Atletas de todo el mundo compiten en los maratones olímpicos.

En los Juegos Olímpicos de 1896, participaron 241 atletas. En 1920, hubo 2,626 atletas. En 1992, compitieron 9,956 atletas. Y en el 2008, compitieron más de 10,500 atletas.

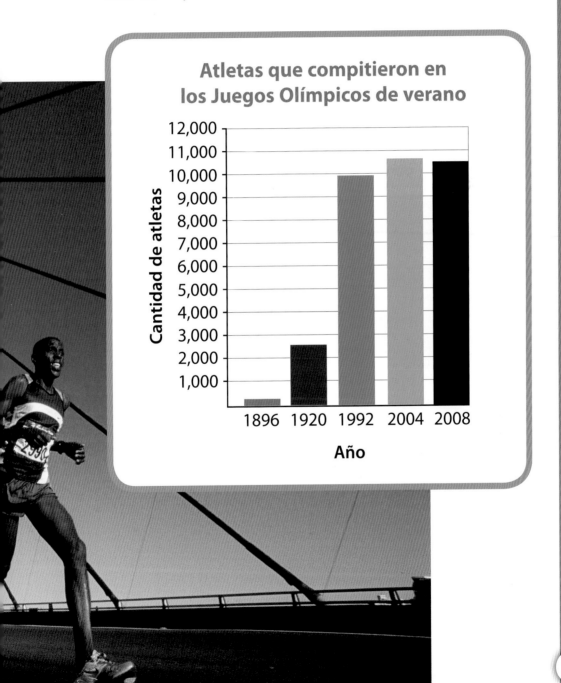

Atletas que compitieron en los Juegos Olímpicos de verano

Cálculo del costo

Ser sede de los Juegos Olímpicos de verano le puede costar a una ciudad alrededor de $10,000 millones. Solo piensa en cuánto debe costar la construcción de un nuevo estadio. Pero para la mayoría de las ciudades sede, este costo vale la pena. Los juegos atraen más turistas a la ciudad sede, en ese momento y en el futuro. ¡Y no se pueden perder la diversión de los juegos!

Se gastaron más de $500 millones en la construcción de estadios e instalaciones para los Juegos Olímpicos de Atlanta 1996.

Línea cronológica de las ciudades sede

Juegos Olímpicos de verano

Atenas, Grecia	1896
París, Francia	1900
San Luis, EE. UU.	1904
Londres, Inglaterra	1908
Estocolmo, Suecia	1912
Amberes, Bélgica	1920
París, Francia	1924
Ámsterdam, Holanda	1928
Los Ángeles, EE. UU.	1932
Berlín, Alemania	1936
Londres, Inglaterra	1948
Helsinki, Finlandia	1952
Melbourne, Australia	1956
Roma, Italia	1960
Tokio, Japón	1964
Ciudad de México, México	1968
Múnich, Alemania	1972
Montreal, Canadá	1976
Moscú, Unión Soviética	1980
Los Ángeles, EE. UU.	1984
Seúl, Corea	1988
Barcelona, España	1992
Atlanta, EE. UU.	1996
Sídney, Australia	2000
Atenas, Grecia	2004
Pekín, China	2008
Londres, Inglaterra	2012

Mirar la competencia de natación

Los Juegos Olímpicos son un evento muy popular para los espectadores. Jacinta tiene boletos para una prueba de natación, pero necesita saber a qué hora debe salir de la casa para no perderse ninguna de las carreras. La prueba comenzará a las 10:00 a. m.

10:00 a. m.

Jacinta irá en transporte público. Caminará hasta la parada del autobús, tomará un autobús hasta la estación de trenes, tomará un tren hasta la estación olímpica y caminará desde la estación hasta las instalaciones donde se desarrolla la prueba de natación.

- La caminata desde la casa hasta la parada del autobús dura 9 minutos.
- El viaje en autobús dura 35 minutos.
- Llega a la estación 6 minutos más temprano.
- Jacinta toma el tren de las 8:55 a. m.
- El viaje en tren dura 45 minutos.
- Le toma a Jacinta 20 minutos caminar desde la estación olímpica hasta las instalaciones y encontrar su asiento.

¡Resuélvelo!

¿A qué hora debe salir Jacinta de la casa? Usa estos pasos como ayuda para calcular tu respuesta.

Paso 1: Escribe la hora a la que comienza la prueba para que Jacinta sepa a qué hora deberá estar en su asiento.

Paso 2: Resta la cantidad de minutos que le tomará caminar desde la estación olímpica hasta las instalaciones del evento.

Paso 3: Resta el tiempo que dura el viaje en tren, luego el tiempo de espera en la estación, después el tiempo del viaje en autobús y finalmente el tiempo que le toma caminar hasta la parada del autobús.

Glosario

afrontarlo: manejarlo

antigua: muy vieja, que pertenece a una época pasada

espectadores: personas que compran boletos para mirar un evento

estadios: campos deportivos

instalaciones: lugares, como estadios, donde se realizan las pruebas

modernos: actuales, recientes

relevos: viajes o carreras en las que que cada corredor completa parte de la distancia antes de pasar un objeto al siguiente corredor

sitio: lugar o ubicación

transporte: traslado de un lugar a otro

turistas: viajeros de otras ciudades o países

Índice

Exploremos las matemáticas

Página 4:
a. 108 años
b. Las respuestas variarán pero
podrían incluir:
1896 a 1900 = 4 años
1900 a 2000 = 100 años
2000 a 2004 = 4 años
Total: 108 años

Página 7:
1984

Página 11:
a. 2 años y 6 meses
b. Las respuestas variarán pero podrían
incluir:
septiembre de 1996 a septiembre
de 1998 = 2 años
septiembre de 1998 a marzo de
1999 = 6 meses
Total: 2 años y 6 meses

Página 14:
22 días

Página 18:
a. 23 de septiembre de 1996 a
23 de septiembre de 1999 = 3 años
23 de septiembre de 1999 a 23 de
agosto del 2000 = 11 meses
23 de agosto del 2000 a 15 de
septiembre del 2000 = 22 días
Total: 3 años, 11 meses y 22 días
b. Las respuestas variarán.

Página 21:
Los atletas tendrían que salir de la villa
a las 12:21 p. m.
12:35 p. m. – 14 minutos = 12:21 p. m.

Página 23:
a. 4 horas y 15 minutos
b. 2 horas y 10 minutos
c. 3 horas y 55 minutos

Actividad de resolución de problemas

Paso 1: La prueba comienza a las 10:00 a. m.

Paso 2: 10:00 – 20 minutos (caminata desde la estación a las instalaciones del
evento) = 9:40 a. m.

Paso 3: 9:40 – 45 minutos (viaje en tren) = 8:55 a. m.

8:55 – 6 minutos (tiempo de espera en la estación de tren) = 8:49 a. m.

8:49 – 35 minutos (viaje en autobús) = 8:14 a. m.

8:14 – 9 minutos (caminata desde la casa al autobús) = 8:05 a. m.

Jacinta tiene que salir de su casa a las 8:05 a. m.